JN410433

아무도 사랑하지 않는 저녁이 오고 있다

우남정 시집

시인동네 시인선 125

우남정 시집

아무도 사랑하지 않는 저녁이 오고 있다

시인동네

시인의 말

낡은 턴테이블에서
머뭇거림 같은 노래가 흘러나온다

파르르 웃고 있는 튤립나무 이파리들
블랙이 따뜻하다

화농을 뽑아낸 고약 같은
에스프레소

이윽고,
아무도 사랑하지 않는 저녁이 오고 있다

2020년 4월
우남정

차례

제2부

제3부

제1부

마트료시카

문 속에 문
뚜껑을 비틀거나 잡아당겨야 열리는

내 몸에는 문이 몇 개나 될까
나를 작동시키는 문을 바라본다

비밀을 간직한 창
잊어버린 비밀이 잊어버린 비밀을 기억해내는
이쪽과 저쪽의 경계

비밀은 안녕한가
나는 어떤 번호로 해제되어야 속살을 보일까
이 문을 열고 저 문을 닫는 순례들

빈방의 얼굴이 창백하다
비밀이 너를 만진다

너의 표정은 언제나 굳게 잠겨 있다

MRI

나를 횡단하는 빛이
나의 단면을 어딘가로 전송하고 있었다

달팽이관을 뚫고 접속되는 무지한 소음
이것은 어떤 죽음의 콘셉트일까
그러나 죽음이 시끄러워 죽을 수가 없었다
나이면서도 내가 아닌 것들 내가 아니면서 나라는 것들이
무수한 순간으로 쪼개지고 있었다
어느 순간이 나란 말인가
누가 그 갈피에 반란을 숨겨놓았단 말인가

유리 저쪽, 흰 가운의 그가
메스도 없이, 피 한 방울 묻히지 않은 채
비틀어진 나의 각도를 캐묻고 있었다
저 음습한 길모퉁이에 이상한 그림자는 또 뭐지
껍질 속, 쭈그러진 호두알이 왼쪽으로 한참 쏠려 있군
일곱 번째 척추 이탈은 예상 밖의 일이야
그의 눈동자가 중얼거린다

저 흰 물건이 또 나를 먹었다 뱉어놓는다
나를 다 해체할 때까지
나는 기꺼이 죽음을 즐기기로 한다

굉음이 조금씩 명랑해지고 있다

돋보기의 공식

접힌 표정이 펴지는 사이, 실금이 간다

시간이 불어가는 쪽으로 슬며시 굽어드는 물결
무심코 바라본 먼 곳이 아찔하게 흔들리고 가까운 일은 그로테스크해지는 것이다

다래끼를 앓았던 눈꺼풀이 좁쌀만 한 흉터를 불쑥 내민다 눈꼬리는 부챗살을 펼친다 협곡을 따라 어느 행성의 분화구 같은 땀구멍들, 열꽃 흐드러졌던 웅덩이 아직 깊다

밤이라는 돋보기가 적막을 묻혀온다 달빛이 슬픔을 구부린다 확실한 건 동근 원 안에 든 오늘뿐 오무래미에 샛강이 흘러드는 소리, 쭈뼛거리는 머리카락이 먼 소식을 듣고 있다 몰라도 좋을 것까지 확대하는 버릇을 나무라지 않겠다

웃어본다 찡그려본다 쓸쓸한 표정을 지어본다
눈[目]에도 자주 눈물을 주어야겠다고,
청록빛 어둠이 내려앉는 저녁

지금 누가 나를 연주하는지
주름이 아코디언처럼 펴졌다 접어진다

분청다기에 찻잎을 우리며
실금에 배어드는 다향(茶香)을 유심히 바라본다

먼 어느 날의 나에게 금이 가고 있다
무수한 금이 금을 부축하며 아득하게
걸어가는 것이 보인다

줌(zoom)

횡단보도 저쪽에서 걸어오는 한 남자, 낯익다
나를 지나쳐 빠르게 카운트다운 하는 신호등을 바라본다
어디서 스친 적이 있나
끌어당긴 그의 잔상을 인파에 놓쳐버렸다

다가온 것이 흔들리다 또렷해질 때
나비의 발자국이 머문 꽃술, 꽃받침의 솜털까지
소름 돋는 섬세한 표정
한 장의 세밀화에 음영(陰影)이 깊어지는,
숨 막히는 매혹이다

찰칵! 꽃 하나
사각의 프레임 속에 갇히고, 그예
끌려간 탄력만큼 천천히
원점으로 되돌아가는 눈동자
한 발짝 한 발짝 초점 흔들리며 꽃이 번진다

내게 왔던 것들은 그렇게 멀어져 갔다

내 안의 수많은 뷰파인더를 뒤적거리다
희미해지는 그림자를 오래 지켜보다
가깝지도 멀지도 않은 거리쯤
흐린 배경을 뒤로하고 홀연 도드라져 빛나는 피사체
진경은 적막한 심상에 맺히는지
나는 서둘러 그 순간을 박제하는 것이다

행성들이 운행을 계속하며 다가왔다 멀어져 가고
누군가는 천년을 돌다 부딪쳐 불꽃처럼 사라지기도 한다
나는 아득한 거리에서 오고 있는 풍경을 기다리며
가뭇하게 지평선 끝으로 사라지는 너를
막 배웅하는 중이다

재활병원

이들은 모두 전쟁터에서 돌아온 사람들입니다
상처는 보이지 않습니다
이들은 주파수가 끊긴 무전기처럼 묵묵합니다
이제 아무도 이들에게 '돌격'을 명하지 않습니다
병상에 눕거나 휠체어에 앉아 있거나 운동기구에 매달려 있습니다
죽을 만큼 열심입니다
물리치료사가 대신 마비된 다리를 굽혔다 폅니다
손가락을 쥐었다 폅니다
잘 열리지 않는 문처럼 관절들이 삐걱거립니다
걸음마를 새로 배우는 사람도 있습니다
막대기에 링을 끼우는 사람, 나무 블록을 쌓는 사람, 스케치북에 그림을 그리는 사람……
무표정한 얼굴에 보일 듯 말 듯 바람이 지나갑니다
알 수 없는 눈빛들이 무언가 보고 있습니다

이곳에서는 물을 넘길 수 있는 것도 감사라고 합니다
씹을 수 있는 힘은 환희라고 부릅니다

오줌 마려운 것을 아는 것, 스스로 옷을 내리고 변기에 앉는 것을 기적이라고 부릅니다
혼자 걷는 것을 유아독존(唯我獨尊)이라고 말합니다
이곳만의 언어입니다

사람들은 매일 집으로 가는 지도를 찾아 헤맵니다
폐허 속에 숨겨놓은 선사의 집
화산재에 파묻힌 자신을 찾고 있습니다

모태 속으로

연변에서 왔다는 세신사(洗身士)
몸에 슬은 벌레가 어디 있는지 다 안다는 듯
묵묵한 손이 거침없이 어깨며 등골을 문지르기 시작한다
풀숲을 헤집고 더께 앉은 우울을 박피한다
은밀한 곳도 아찔하게 비켜가는 것이
분명, 무림의 고수다
내 몸속 깊숙이 웅크린 것
혈에 비수를 꽂는지 통증에 불꽃이 튄다
각질이 떨어져 나간 자리에 희미한 여명을 끌어온다
자분자분 아프면서 시원하다
그녀의 손끝에서 되살아난 젊은 어머니가
계집아이의 겨드랑이며 사타구니를 씻어준다
나는 칭얼거리며 모태 속으로 헤엄쳐 간다

시원하세요? 투박한 억양의 목소리
온몸이 수초처럼 하늘거린다
씻은 듯이, 살갗에 새 비늘 돋는 소리

몽유(夢遊) 속으로

창가에 머리를 두고 잠든다 머리카락이 홍건히 엎질러진다 아이비 넝쿨이 길이를 못 이겨 구부렁구부렁 흘러나온다 눅눅한 바람이 창가로 뻗은 손을 만지작거리고 있다 똑, 똑, 똑 물방울 떨어지는 소리 능소화 꽃가루에 눈먼 허공이 13층을 내려간다

발등에 눈이 돋는다 무엇을 잃어버렸나 공원에는 아무도 없다 물가 버드나무 그네가 매듭을 풀려고 몸을 뒤틀고, 낭미초에 매달린 물방울이 금방이라도 뛰어내릴 듯 시선이 휘어져 있다 찢어지지 않으려고 흔들리는 거미줄, 물안개가 꼬리를 풀며 천천히 갈대밭을 기어 나오고 있다

아프지도 않는, 몸뚱이가 번들거린다 감긴다…… 차갑고 섬뜩한 것이 머리채를 잡아당기며 조여 온다 질주하는 자동차 소리, 어디선가 새 한 마리 푸드덕거린다

베갯잇에 떨어진 젖은 뺨이 깊게 패였다

난 벤다이어그램을 사랑해

우리, 뱃머리에 누워 밤하늘이나 볼까 곧 세기의 사랑이 시작되겠지 동그라미 하나가 다른 동그라미 속으로 막 닻을 내리고 있어 초승달이 되어가는 가슴, 나는 한입 베어 문 사과처럼 너에게 먹히고 있어 나는 벤다이어그램을 사랑해 끌어당기듯 내어주는 기쁨 같은 아니 슬픔 같은 놀이, 너이기도 나이기도 한 우리가 너도 아니고 나도 아닌 우리가 점점 부풀었다 꺼지는 그림자놀이 그때, 나는 뒷걸음치듯 너를 들락거리며 저 바닷물이 찰싹거리는 소리를 듣고 있었어 우리는 식(蝕)의 계절을 지나가고 있었어 섬들이 서로의 발부리를 잡고 있듯이 우리의 운행은 하나일 수 있을까 허공에 두 개의 원을 약속처럼 걸어놓고 사람들은 서커스 불 쇼에 열광하는군 곡예사가 불꽃을 뚝뚝 떨구며 불구덩이를 통과하는 동안 아, 아득한 시공을 스쳐가는 나, 나는 벤다이어그램을 사랑해 지금 너는 어느 쪽으로 기울고 있니 이제 막 너는 배가 부르고 나는 다시 배가 고파져 월식으로 까맣게 먹혀 들어간 것은 무엇일까 우리의 밀월은 한 번도 만난 적 없는 그림자일 뿐이었을까 시계 초침 소리 허공이 듣고 있어 절벽에 부딪히는 밤, 파도 소리를 내며 너는 멀어져 가고…… 저것 봐, 바다에는 만월이

다시 붉게 태어나고 있어 아 쓸쓸한, 나는 벤다이어그램을 사랑해

2018호

문 앞에 여섯의 이름이 있다 침대마다 이름과 생년월일이 붙어 있다 그것도 모자라 이름을 팔찌로 끼고 있다

그들은 똑같은 시간에 똑같은 밥을 먹고
똑같은 TV 프로를 시청하고
똑같은 간호사가 혈압과 체온을 체크하고 기록한다

창가에 있는 김 씨는 공사장에서 떨어져 갈비뼈와 견갑골이 망가졌다 그 옆의 박 씨는 롤러스케이트를 타다 발목뼈가 부러졌다 맞은편 할아버지는 화장실에서 넘어져 고관절이 금이 갔다 출입구 쪽의 이형은 교통사고 합의를 못해 언제 퇴원할지 모르는 장기 환자다 모두들 어쩌지 못하는 제 몸을 어딘가에 고정시키고 있다 팔과 다리에, 몸통에, 갑옷 같은 보조기구를 두른 채 절룩거리거나 뻣뻣하게 혹은 삐뚜름하게 복도를 걸어간다

모든 것들은 바퀴가 달렸다 침대도 링거대도 휠체어도 밥차도 고통도 희망도 모두 바퀴에 실려 굴러다닌다

의자에 앉아 글만 썼다는 정형은 지금 디스크를 반성하고 있다 반성에 나사를 박고 지지대를 달았다 반성이 물리치료를 한다 평생 바르게 살았다는 조형도 자신의 반성을 교정 받고 있다

유령의 식탁

그림자들로 일렁이는,

이곳은 비슷한 식성과 암묵적 유대를 파는 식당입니다 누군가 차려놓은 식탁에 수다들이 비워지고 있습니다 누군가는 식사 전이고 또 누군가는 식사 중입니다 끼니를 잊은 것인지, 식욕이 없는 것인지 당신은 우두커니 모니터 밖을 보고 있습니다 인원수대로 차려진 음식이 모두 비워지는 동안 나뭇잎 사이로 새들이 들락거립니다, 화기애애가 식욕을 돋굽니다 어디선가 물어온 이야기와 노래가 맛깔나게 차려집니다 여기서는 침묵도 수다의 한 장르입니다 소파도 식탁도 아닌 창가 어디쯤 혹은 수학여행 사진이 걸려 있는 벽 한 구석에서 몰래 말들의 성찬을 구경합니다 이따금 인사성 멘트를 슬쩍 날리며, 분위기를 자극하지 않으려는 조심스런 발자국 소리, 가끔은 잠꼬대 같은 소리도 날아다닙니다 문득 누군가의 목소리가 뜨거워집니다 근황에 얹혀 은근한 자랑질이 늙은 고무줄처럼 늘어집니다 짧은 반박과 엉뚱한 이견이 잠시 덜거덕거리다 조용해집니다 침묵이 흐르는 방이 생겨납니다 달짝지근한 이모티콘이 날아다니고 눈 시린 설원이 디저트로 배달되기도

합니다

난무하는 말, 말, 말들의 난장! 분위기를 부추기는 후렴들 홍분을 부르는 도수 높은 추임새도 곁들여집니다 고기 굽는 냄새가 문자로 스며들고 불콰한 웃음들이 화면에 엎질러집니다 속이 더부룩해진 나는 메뉴에서 '나가기'를 누릅니다

모두 삭제됩니다 정말 나가시겠습니까

쓸쓸한 날엔 파마를 하러 간다

뒤통수가 절벽이다
구강구조가 화난 듯 튀어나와 있다
누구는 이런 두상을 산도(産道)를 빠져나오다 짓눌린 악몽이라고, 누구는 눕힌 대로 꼼짝 않는 미련이라고 했다

호모에렉투스의 납작하고 작은 뒤통수는 아직 진화 중이다
나는 콤플렉스에 시달리다 잠든다
3D 프린터가 돌아간다
가슴이 자라고 엉덩이가 자라는 꿈을 인쇄한다
여전히 뒤통수는 벽창호, 나는 언제나 평면서술
그리하여 한 폭의 인물화처럼 밋밋하다

주저앉은 정수리가 휑하다
흐트러진 머리칼이 이마에 달라붙어 있다
생머리가 초라하다고 느껴질 때,
헤어아티스트 K에게 가야 한다
굵은 컬이 직모(直毛)를 돌돌 말고, 사막이 뜨거운 바람을 토해내는 곳, 모래언덕이 태어나고 사라지는 곳,

웨이브가 브로콜리처럼 빽빽하게 자란다
컬을 길들이는 것이 서툴다는 깨달음은 늘 뒤늦게 온다

위기를 만난 동물은 자신을 부풀린다
아니, 사랑을 만난 놈처럼 꼬리를 펼치고 갈기를 세우고 지느러미를 펄럭거린다
바람풍선이 넘어졌다 벌떡 일어서는 생맥주집 앞을 지나간다
쓸쓸한 날엔 곱슬곱슬해진 머리카락을 한껏 부풀리고 카페에 가야 한다
어둠이 깃든 까만 아메리카노를 홀짝거릴 것이다

모닝 톡톡*

톡!톡! 일어났니
어서 떠나렴 나도 떠날 거니까
차 밑에 혹은 보닛 속에 타이어 위에
너, 아직도 잠들어 있는 건 아니지
전조등 속에 웅크린 너,
왜 나를 기다리고 있다고 생각했을까
어젯밤 그곳은 따뜻했니
그곳 말고는 깃들 곳이 없었니
굴러가는 저 바퀴 사이에서도
사랑이 쏟아지는 건 참 신기한 일이지
얼마나 많은 기억의 동굴이었을까 그곳은
왜 진화되지 않는, 유목의 아침이 그렇게 오는 걸까
모닝 톡!톡!
불빛에 파닥이던 긴 눈썹,
어둠이 지운 너의 작은 발자국
푸른 야광의 눈동자가 오래된 슬픔처럼, 낯익어
오늘은 북위 49도를 지나는 겨울 속을 자전하고 있어
모닝 톡!톡!

너, 거기 있기나 한 거니
아무튼 나는 나의 모닝에 시동을 걸어야 해
쿨하게 경쾌하게
굿모닝 톡!톡!

---

* 모닝 톡톡: 자동차 밑에서 잠든 길양이들을 깨우기 위한 운동.

미늘

이강[*]의 오랜 낚시꾼은 가마우지 수컷이다

숨이나 겨우 가르랑거리는
긴 모가지를 졸라 맨 끈이 선홍빛이다
홀쭉한 뱃구레가
어둠 속을 자맥질하고 있다

허기진 가마우지는 잡은 물고기를 토한다
물고기는 산 그림자를 토한다
산 그림자는 유람선을 토한다
유람선은 한 남자를 토한다

이강에 불빛이 일렁인다
어부는 광대가 되어 가마우지를 잡고
가마우지는 어부에게 발목 묶인 마눌님[**]을 잡고

---

*중국 계림에 있는 강.
**아내.

유턴

그것은 어스름한 새벽녘 가을 벌레처럼 시끄러웠다

누구는 근시 때문이라고 했고 누구는 높은 구두 굽을 사랑한 때문이라고 했고 누구는 삐딱한 시선 때문이라고 했고 누구는 다리를 꼬고 앉는 버릇 때문이라고 했고 누구는 대책 없는 사랑 때문이라고 했고 누구는 턱을 괴는 습관 때문이라고 했다

누구는 마사지를 받으라 했고 누구는 층계를 오르라 했고 누구는 거꾸리를 하라고 했고 누구는 누구는 요가를 하라 했고 누구는 명상을 하라고 했고 누구는 진통제를 먹으라 했고 누구는 겸허하라고 했다

온 산이 지치도록 단풍이다

상강이었다
열여덟 번째로 돌아드는 절기였다

우로보로스

저 동물원 안에는 풍선과 꽃과 아이들, 구름사탕과 아이스크림과 햄버거가 웃는다 구불구불 구경을 소화시키는 한낮이 뜨겁다 꿈틀거리는 미뢰(味蕾)들, 포만이 긴 터널을 지나가고 있다 괄약근을 조이며 뜨거운 지층이 밀려가고 있다

공작이 새침하게 꼬리를 폈다가 오므린다 청룡열차가 사람들을 빙글빙글 돌린다 목마를 탄 사람들이 돌아간다 코끼리가 코를 돌돌 말아 뭔가를 입에 넣는다 입구가 출구로 걸어가고 있었다

출산을 마친 어미 소가 분비물로 범벅이 된 제 새끼를 핥고 있었다 태반을 삼키고 자신의 입구로 출구를 닦고 있었다

자신의 혀로 자식의 눈 속 티끌을 쓸어내던 사람은, 평생 일구던 비탈밭 옆에 누웠다

구경이 시들어 가고 있다 화장실을 표시한 화살표가 보인다 출구를 조명하지 않는 것은 오래된 예의, 출구가 또 다른 문으로 들어가고 있다 티켓을 확인하는 사람도 없다

나뭇가지 위 원숭이가 꼬리를 바짝 당겨 허공에 걸어놓은 듯 걸어가고 있다 항문을 훤히 드러낸 뒤태가 뭉클하다 거친 밥 곰삭은 냄새가 막 벙글고 있는,

오후 5시의 붉은 햇살이 빠르게 사라지고 있다

눈독

오래된 습관이 북쪽으로 기울었다

올해도, 그가 건네준 모과 한 알 창가에 안치한다
갓 면도를 끝낸 듯 턱선을 타고 그의 향기가 번진다
연둣빛 윤기가 도는, 잘 익은 노랑은 왜
터무니없이 짧을까

연하디연한 분홍 꽃의 열매가
과즙도 없고, 근육질인 것도 아이러니지만
욕창이 나지 않도록 이리저리 체위를 바꾸어 주어도
어디에 부딪힌 것처럼
멍이 번지고
반점이 하루하루 깊어지는 건 더욱 알 수 없는 일이다

저 어둠의 뿌리는 어디에 닿아 있을까
노랑을 먹어치우고 서서히 꽃을 피우는 저 농담(濃淡)은

슬픔이란 저런 것인지도 모른다

>

물 한 방울 흘리지 않은 채
미라가 되어가는 모과를 바라보는 일

서리 내리기 전, 서둘러 석탄 한 덩이 품는 일

꽃을 긁다

춥다 고무 핫백에 뜨거운 물을 붓는다
그것을 안고 찬 이부자리 속으로 기어들어 간다

가슴 언저리가 저릿하다
떨려오는 눈꺼풀
핫백에 손바닥을 데워 지그시, 누른다

가두어놓은 것은 출렁거린다
몸에 닿자마자 파닥거린다

불꽃, 누군가의 체온 같은 것이 기억을 뒤흔든다
소용돌이치며 냉기를 희석시킨다
통증에 불을 당긴다
쑥뜸 뜨는 냄새가 타오른다
열꽃이 창백한 살갗에 들불처럼 번진다
온종일 얼었던 발가락이 진저리를 친다

나방처럼 불 속으로 뛰어드는 촉각을 탐닉하며

>

나는 풍등을 따라 가물가물 식어간다

벅벅 밤을 긁는다
핫백과 동침한 자리마다 꽃다지가 터졌다
구창(灸瘡)을 보자 의사는 손톱부터 바짝 자르라고 한다

몸뚱이가 숨 막히게 가렵다

나는 복숭아꽃 알레르기가 있다

그해, 뒷마당 복숭아나무는 무사했다
돌풍과 우박을 솎아내고 새파랗게 살아남았다

긁어댄 상처에 복숭아 분이 따갑게 피어났다
홍조 띤 여름이 아무도 모르게 깊어갔다
입덧하는 딸이 제철도 아닌 복숭아를 찾는다
나는 어머니를 닮아 뭉클한 백도 향(香)이 점점 좋아졌다

저물녘, 마당가에 둘러앉아 복숭아를 먹는다
노모의 헐렁한 입 가득, 오물오물
훌훌 껍질 벗기는 손가락 사이로 단물이 흘러내렸다

애야,
참 잘 익었구나

도원(桃源)이 이 근처인가

제2부

코마

무수히 많은 너와 나 속에서

불현듯 깨어나는 것

그것은, 역마살처럼 찾아온다

수많은 다행들 속에

끝내 오지 않을 것 같은

예감에 이끌려

걷는 사람

저기,
그 사람이 온다
두 손을 다른 높낮이로 흔들며 초로의 사내는 필사적이다

해를 바라보고 걷다가 사선으로 걷다가 문득, 역광 속으로 들어간다

그는 어망에 갓 잡힌 물고기처럼 걷는다 두 발이 각각의 각도로 걷는다 걸으려는 사람과 버티는 사람이 하나가 되어 걷는다 허우적거리는 사람과 춤추는 사람이 함께 걷는다 날개를 말리는 새처럼 우두커니
걷는다

낙뢰가 칼날로 내리친 밤
절개지처럼 무너져 내린 길을
그는 얼마나 오래 걸어온 것일까

기척이 없던 벽조목에 까치 한 마리 울다 간다

너의 왼발과 나의 오른발을 묶고 뛰던 유년의 풍경이 스쳐 간다
수직으로 솟은 도시가 지나간다
엇박자 나는
무수한 아침이 걸어간다
하낫! 하낫!

그는 넘어질 듯 일어서며 수평을 흔들고 있다

그렇게 꽃은 피었다 지네

저녁이 엎드리네
접시는 접시끼리 대접은 대접끼리 종지는 종지끼리
담았던 것을 비우고 같은 방향으로 순하게 눕네
서로의 물기가 말라갈 때까지
비눗방울 같은 진공이 잠시 머물다 가네

어떤 포옹은 위태로워라
포옹이 포옹을 물고 잘 빠지지 않네
수작업으로 구운 도자기 그릇들
허공을 담은 꽃들
둘레와 깊이가 미세하게 다른 것들은 잘 포개지지 않네
어긋난 여백은 깨지기 쉽네

사는 일은 생떼 같아 늘 설거짓거리를 남긴다네
매일매일 새 그릇이 필요하듯
작거나 넓적하거나 둥글거나 길쭉하거나
그렇게 하루가 피었다 스러지네
덜거덕거리던 것들을 물소리에 씻어내네

>

돋아난 달이 창문에 걸려 잠을 말리는 동안

포개질 수 없는 것들은
따로 씻어
무명수건 위에 가만히 엎어놓아야 하네

굴형

저녁이었다
덤불 속 별똥별이 떨어진 자리였을 것이다
알 수 없는 그림자가 일렁거렸다

어머니의 기저귀를 간다
멈칫 미세한 경련 같은 것이 스쳐갔다
욕창 난 둔덕이 무너져 있었다
음모 몇 가닥이 수풀 우거졌던 자리에 엉켜 있었다
폐정처럼, 깜깜한 구렁이 간신히 밀어낸
검푸른 돌덩이

화산재 뒤덮인 기름지고 아름다운 땅이었을
핏덩이가 솟아오르던 간헐천이었을
끓어오르던 숨길이었을
그 화산에서 아직 유황 냄새가 난다

어머니의 기저귀를 간다
바싹 마른 가랑이 사이로 여진처럼

무한(無限)이 태어나고 있었다
어린 계집아이의 사타구니를 닦아내던 어머니처럼
나는 어머니의 깊고 깊은 어둠을 닦아낸다

식어버린 분화구에서
검멀레 해변에서 화산석을 줍는다

몸부림치며 굳은 돌 속에는 신비한 굴형*이 있다

---

*굴형: 구렁의 제주도 방언.

초록에 잠들다

꽃이 들판을 온통 봄으로 물들이고 간 뒤
먼 산 뻐꾸기 울음 아슴아슴 들려온다

아직도 갈대숲에는 빈 대궁들이 서걱거린다
꽃과 씨앗 다 떠나보내고, 그들은
왜 머리채 휘어잡는 바람과 맞서 긴 겨울을 건너왔을까
취한 아비들이 정거장에서 막차를 기다리듯
휘청거리는 허리를 곧추세우며 넘어질 듯 일어서고 있는가

쭈그리고 앉아 그 어둑한 밑동을 들여다본다
젖은 발가락 끝에
송곳니처럼 솟은 두어 뼘의 어린 초록이 보인다
저 어린것들이 제 어미를 먹어치우고 있었던 것일까

낮과 밤을 넘나들며 초록이
초록이 번진다

무엇을 끌어당기는 것일까 저 해묵은 손짓은

눈물 번득이는 칼날
가슴 언저리까지 차올라
차라리 그 초록에 찔려 죽고 싶다는 뜻일까
그예 한 세대를 넘겨주는 것일까
가녀린 쭉정이들의 장엄한 배턴 터치를 본다

한낮 초록 광배에 휩싸여
희끗한 그의 머리가 갈대숲으로 사라지는 것이 보였다

꽃의 순장

묵은 상자의 먼지를 털어내고, 꺼낸 시집을 펼친다
백팔 페이지 책갈피에 꽃무덤이 드러났다
한 줌의 가을과 함께

삼킨 향기 목에 걸린 채
종이와 꽃이 서로를 껴묻은 흔적이 있다
함축과 은유, 생략을 지나 낯설게
밤을 건너온
새벽이 번져 있었다

밀봉을 어찌 다스렸는가, 꽃이여
흐르던 실핏줄에
시즙마저 향기로워, 다투어 활자들이 몸을 적셨을까
저 갈피에 잦아든 울음
색이 날아간 자리에 한 마디 절명사를 남겨놓았나

적막 한 편을 낭송한다

문향(聞香)한 여백이 바스락거리는 기척
산부전나비 무늬에서 쑥부쟁이 향이 날아온다

용설란

일생에 딱 한번 꽃을 피운다

한 저녁이 또 그 가시 잎에 맺혀 있다

사막에서 잎을 틔우는 일은
살아낸 밑동부터 한 잎 한 잎 버리는 것이다
버린 한 잎의 제 살을 발라먹고
버린 한 잎의 제 결로, 제 눈물을 핥아먹고

그 눈물만큼 깊어가는 갈증으로

지구 저편으로 걸어간다

러시안룰렛

누가 당겼는가,
튕겨 나간 오토바이 바퀴가 저 혼자 돌아가고 있다

사내는 아스팔트 위에 낭자하게 제 몸을 쏟았다
시간을 멈춘 눈동자가
교차로 저편을 응시하고 있다

철가방 속에,
갓 구운 피자 한 판이
기다림을 마주 겨누고 있다

기척도 없이 구름 한 점이 내려다본다

그 어디서 리볼버의 탄창이 돌아가고 있다

나를 검색하다

시를 읽다가 그 시인의 이력을 찾아보다가 문득 내가 궁금하다 모니터에 이름 석 자 적어 본다 동명이인 몇 사람, 그리고 내가 검색된다 부녀회장인 그녀와 고전무용가인 그녀와 무명 시인인 나, 첫 시집 보랏빛 표지가 하단에 달려 있다 지방지 문화 코너에 빛바랜 기사, 몇 장의 스냅사진 속에 낯선 내가 붙잡혀 있다 이웃 블로그에 내 시 한 편이 진열되어 있다

그대는 나를 어떻게 찾을까 포털 창을 열면 며칠 전 들렀던 쇼핑몰의 여자가 스토커처럼 따라온다 취향을 겨냥한 쿠폰들 사이로 나는 끈적한 발자국을 남기며 건너간다 노출 끝에서 모퉁이가 기웃거리고 있다 나는, 정말 저편에 건너가 있다는 편견이 우뚝하다 유명 시인의 수상 소식에 내가 한동안 꽂혀 있다

유튜브를 열자 나의 취향이 줄줄이 펼쳐진다 누가 나를 즐겨찾기에 저장했나 나는 어느 코너에 분류되어 있나 나를 떠올리는 태그는 어떤 단어들일까 내가 진짜 나인가, 타인이 맞춰보는 자잘한 퍼즐조각인가 검색된 나는 몇 퍼센트 순도일

까 나를 검색한 오독(誤讀)들, 탐색을 끝낸 커서가 깜박거리고 있다

나를 삭제해줄 클릭은 어디에 있는 거지

눈물을 받으러 갔다

바람이 지나가도 주르르 눈물이 흐르는데 누가 볼까 눈을 꽉 감아버리다가 껌벅거리다가 휴지로 꾹꾹 찍어내다가 슬픔을 건드린 것처럼 물이랑이 파문 져 오는 것인데 물을 받듯 몸 안에 물이 차오르는 것인데 이때다 싶어 소용돌이치는 것인데 이 물은 뭘까 먼 기억 속 어머니가 양손에 물 양동이를 들고 질금질금 흘리고 간 물 자국을 따라가, 어둑한 부엌의 항아리에 들이붓는 소리를 듣는데 몽돌해변에 싸그락싸그락 써레질하는 파도 소리를 듣는데 그 소리에 물거품처럼 부풀은 어깨가 들썩거리는데

울음주머니가 터지는데 울음이 울음을 불러 몸 바닥에 가라앉은 울음을 모조리 끌어올리는데 닥닥 긁는 바가지 소리가 들리는데 어쩔 줄 몰라 허둥대는데 울음을 한꺼번에 다 쓰고 가뭄 든 저수지처럼 쩍쩍 갈라지는데 실핏줄이 저녁놀처럼 번지는 것인데 공연히 검불이 들어간 것처럼 비비는 것인데 찬물로 세수하고 거울 속을 보는 것인데

안구건조증이라니요 이 눈물은 뭐고 그 눈물은 또 뭔가요

내 눈에 사막이 자라고 있다구요? 모래바람 속에 조수아나무 한 그루 서 있다구요?

솟을연꽃살문

얄팍하게 썬 연근에서 끈적한 신음이 묻어난다 숨길 지나간 자리가 구렁이다 나는 꽃이 진 자리에 한 그릇 푸른 밥을 짓는다

마른 연밥이 11월의 목을 꺾는다
퀭한 눈동자가 품었던 연씨 하나 떨어뜨린다

새 부리로 쪼아야 열리는 연육(蓮肉), 철갑을 찢고 발아하는 꽃인가 목공의 옵은둥근칼*이 원을 그리며 거친 나뭇결을 둥글린다 무엇이 저리 단단하게 벙글고 있나 귀를 모으며 살과 살이 맞물린다 출렁이는 잎 사이로

꽃이 솟아오르고

연잎에 싼 오곡밥에서 뜸 드는 냄새가 흘러나온다
발그레하게 물드는 저녁
검은 동공에 하나 하나 연등을 밝히듯

연잎도 연밥도 연근도 모두 꽃, 둥글게 둥글게 피가 돌고 있는 문(門), 연신 온몸에 화엄의 문양을 그리고 있는

한밤, 대웅보전 꽃살문이 꽃밥으로 만개했다

---

*옵은둥근칼: 조각칼의 하나.

죽은 발톱

무엇에 걸려 뒤집히는 비명, 눈물이 쑥 빠진다
뽑히다 만 뿌리
살갗 끄트머리에 매달려 있다
온종일 발품을 팔다 지쳐 돌아온 날
피멍 삼킨 그 발톱이다

가만, 그 밑에 보드라운 무엇이 있다
고물고물 숨죽인
보얗고 여린 꽃잎 한 장
반달 같은 발톱에 새순이 돋았나
들뜬 보굿을 밀어올리고 있다

할머니가 들려주신 옛이야기
한겨울 개울가
곰 한 마리 발견한 사냥꾼, 활을 쏘았대
곰이 그대로 서 있더래
다시 활을 쐈는데 그대로 서 있더래
가까이 가보니

어미 곰은 커다란 바위를 껴안고 죽어 있었더래
그 밑에 새끼 두 마리 곰실곰실 먹이를 찾고 있었대

죽어서도 덜컹거리며 기다리고 있었구나
눈을 질끈 감고 죽은 발톱을 뽑아낸다
자줏빛 등이 품고 있던
어린것 아장아장 걸어 나온다

세상을 지켜낸 힘은 저 묵묵한 마중에 있었다

풀물이 드는 오후

발동기가 괴성을 지르고 있다
공원 구석구석 풀숲을 헤집고 있는
노란 작업복 사내의 등에서 파란 점액질이 출렁거린다

이름을 물어보고 근황을 챙길 겨를도 없다
씨앗을 맺은 꽃대가 쓰러지고
넌출 밑동이 잘려 나가고
풀 보라 비릿하게, 허공에
풀물이 든다

모자 깊이 눌러쓰고 얼굴을 가린 채
종종 멈춰 서서 범벅이 된 풀 조각 털어내며
심호흡을 하고 있는 사내에게서 절삭유 냄새가 진동한다

뜨거운 단말마 속으로 기울어지는 해
죽음이 향긋하지 않느냐고
차라리 달짝지근하지 않느냐고
벌겋게 핏물 밴 서녘을 꿀꺽 삼킨다

초록은 잠시 잘려 나간 발등을 바라본다

처서에 들러붙은
그것들, 좀처럼 떨어지지 않는 풀 · 풀 · 풀

담배를 빼어 문 사내의 손끝이 떨리고 있다

사방무늬 패턴

변기에 앉자 할 일이 없어진 눈 속으로 타일 벽이 쳐들어온다 사면을 가득 메운 우툴두툴한 돌기의 그러데이션, 금방이라도 튀어나올 듯 푸르스름한 회오리, 저 눈알 속에는 몸 둘 바를 모르던 기억이 있다 사방으로 정렬하거나 서로 짝을 지어 사열하고 있던 날들이 서로 등을 돌려 원이 되기도 하고, 이쪽과 저쪽이 멀뚱거리며 만났다 흩어진다 왕지네가 기어가듯 기일을 넘긴 이자 넌출이 사방연속무늬로 번져갔다

사람들이 사거리에서 빠르게 교차하고 있다 철조망이 되었다가 그물이 되었다가 어떤 패턴이 되었다가

오늘은 마름모꼴에 갇혔다
착시를 일으키거나 사시가 되는 것을 각오해야 한다
눈을 부릅뜨고 힘껏 벽을 밀어내려는 순간
사방연속무늬 벨트가 움직인다
개미떼가 사방으로 줄지어 가다가
먹잇감을 찾은 듯 새까맣게 모여드는 곳

>

문 뒤쪽에 타일 조각 하나가 뒤집혀 있다
패턴이 튀어나간 서늘한 출구가 보인다

☆☆☆☆☆ 슬롯머신에서 우르르 코인이 쏟아져 내릴 것 같은

부메랑

버린 것이 돌아온다
까맣게 잊고 싶은 것들이 펄펄 살아 돌아온다

내가 외면한 울음이
질끈 눈감고 지나쳐 간 바람이
등을 돌리고 멀어져 가던 그 저녁이
비릿한 냄새에 싸여, 차갑고 예리한 맛이 소금처럼 돋아난다

찢어진 그물 같은, 빈 페트병 같은, 망가진 부표(浮標) 같은,
버뮤다*까지 갔던 것들이 기어이 살아온다

포르말린에 수장된 시험관 표본처럼
표정과 지문이 닳아버린

어제가 돌아온다
기어이 자신의 백사장에 흰 뼈를 묻겠다고

>

불면의 바다가 쓰라리다

---

* 버뮤다: 마(魔)의 삼각지대라 할 만큼 사고가 많은 지역.

나는 오른쪽 콤플렉스가 있다
—팔씨름

그가 잽싸게 나의 오른손을 잡아챈다

살바 싸움하듯
두 손바닥이 으르렁거린다
팔뚝이 여린 손목을 지키기 위해 파닥거린다
온몸이 닭 볏처럼 탱탱해지고
얼굴이 벌게진다
앙다문 입술이 씰룩씰룩 기합을 넣는다

나는 왼손잡이인데,
거친 일만 하는 왼손은 마디가 굵은데
밥만 먹고 글만 쓰는 오른손은 힘이 없는데

뭔가
번쩍! 번개 치듯 몸을 훑어낸다
찰랑거리던 무엇이 튕겨 나가듯 온몸이 서늘해진다

이토록 뜨겁고 깊은 악수라니!

시들해진 손아귀에서
파랗게 질린 여치 한 마리가 찌릇찌릇 살아나고 있다

밀림의 시간

낯선 시선에 놀라 뭔가가 빠져나갔다

잠결에 물 한 컵을 마시려는데 뻘겋고 퍼런 짝눈이 노려보고 있다 벽 가득 일렁이는 나뭇잎, 천장의 감지기가 레이저를 쏘고 있다 그림자가 허기진 숨을 크르릉 삼킨다 식욕을 보온 중인 밥통이 잡아먹을 듯 번쩍인다 눌러! TV가 심장을 장전하고 있다

낯익은 것들이 돌연 섬뜩하다
밤은 온순하고 친절한 것들을 굶주린 맹수로 만든다
플러그의 발톱에 물린 시간이 사육되고 있다

차들이 야광의 꼬리를 물고 질주한다
한 남자가 막대 등을 흔들고 있다 급커브 길이다
아스팔트가 길고양이 머리통을 호물호물 먹어치운다
벽시계가 새벽 2시 48분을 발광하고 있다

눈이 꺼져가고 있다

읽다 만 페이지가 해독되지 않는다
핸드폰의 벨소리, 흐릿하게 거기…… 누구 없나요
충전기의 뾰족한 끝이 내 안으로 쿡! 쑤시고 들어온다

15mA의 전류가 경련을 일으킨다
나의 풍경 나의 메시지 나의 사람들이 감전된 듯,
찌릿찌릿 돌아오고 있다

지리멸렬

화마가 고시원 쪽방에 잠든 노인을 삼켰다
술 취한 자동차가 버스 기다리던 청년을 들이받았다
노인이 치매인 91세 아내의 목을 졸랐다
한 여자는 전 남편의 칼날에 온몸을 찔린 채 주차장에 숨져 있었다

해일이 강타한 바닷가에 겁에 질린 여자가 울고 있었다
몇 놈이 악어에게 먹히는 동안
누 떼들이 핏빛 강을 건너고 있었다
먹방 프로에서는 한 셰프가 아귀찜 비법을 떠들고 있었다
홈쇼핑에는 대박을 부추기는 경품 추첨이 한창이었다
꾹‥ 꾹‥ 꾹‥ 채널이 돌아가고 있었다

저녁이 저물고 있다

다행이다
목숨 걸고 누군가를 사랑하지 않아서

제3부

그것은, 웃음일까 울음일까

그때, 점쟁이는 한 마디로 잘라 말했다 女子는 뱀이고 男子는 돼지라…… 서로 잡아먹는 궁합이군 누구 하나 죽어야 끝장나겠군 女子는 깔깔거렸고 男子는 헛웃음을 날렸다

女子는 물렁한 잡곡밥을 좋아하고 男子는 고슬고슬한 쌀밥을 좋아한다 女子는 클래식을 좋아하고 男子는 팝송을 좋아한다 女子는 일찍 자고 일찍 일어나고 男子는 늦게 자고 늦게 일어난다 女子는 여행을 좋아하고 男子는 바둑을 좋아한다

밤마다 누군가와 싸우는 꿈을 꾸는 男子와 뭔가를 잃어버리는 꿈을 꾸는 女子와 불안에 시달리는 男子와 詩에 시달리는 女子와 할 일을 잊은 男子와 종일 할 일을 찾아내는 女子가 살고 있다 이를테면, 그 9명의 女子와 그 9명의 男子가 아직도 동거 중

그것은 먹은 것일까 먹힌 것일까
또 그것은, 산 것인가 죽은 것인가

무한화서(無限花序)

무한화서로 꽃핀 적 있었지요
포유류의 젖꼭지처럼
어느 별자리처럼

중심으로 어깨를 모으세요
할머니, 턱을 내리세요 손주 며느님, 오른쪽으로 머리를 살짝
어머니 아버지 좀 더 부드럽게
모두 웃어주세요 네, 네, 좋습니다 한 번 더!

뒤로 구름무늬 암갈색 배경이 내려져 있었지요
조금씩 닮았으나 다른 얼굴들이 각자의 표정으로 서 있었어요
비장한 모의 같은 것이 언뜻 스쳐간 것 같았어요
어디선가 산비둘기 울음이 들려왔어요

사진사는 연출가 같았어요
스포트라이트를 받으며 모두들 그렇게 웃고 있었지요

몇 번의 셔터가 어색한 표정을 지우고 있었지요
노란 불빛이 음영에 번진 물기를 말리고 있었지요

찰칵! 검은 찰나 속에 영원이 갇히는 소리

피의 내력이 오래오래 인쇄되고 있었지요

실연

백합 아홉 단을 사 왔다

수십 개의 오므린 입이 뾰족하게 매달려 있었다
저 꽃을 남김없이 열 수 있을까

누군가는 백합 향에 취해 죽었다는
글을 읽은 적이 있다
아편 환각 속에서 시를 썼다는 낭만주의 시인이 떠오른다

사랑보다 강한 진통이 저 꽃일까

때로 백합이 나팔을 불며 진격해 왔다
새로 산 잠옷에서, 랭보의 시집 한 페이지에서, 와인 잔의 붉은 바닥에서,
치명적인 향기로

흰 꽃의 입꼬리가 뱀의 혓바닥처럼 날름거린다
붉은 수술이 탱탱하게 부풀어 오른다

그것이 내 폐부를 결박한다
황홀하다

나는 각혈 한번 하지 못했다
미수(未遂)였다

어머니의 스웨터

어머니가 낡은 스웨터를 푼다 가슴과 등판, 소매를 차례로 뜯어낸다 매듭을 찾는다 올올이 얽힌 고리가 힘겹게 떨어진다 팔꿈치의 해진 실을 끊어내고 두 끝을 하나로 잇는다 오글오글 긴 겨울을 견딘 옹벽이 가느다란 온기를 흩날리며 풀려나온다

스웨터를 입은 계집아이가 흑백사진 속에 있다

나란히 뻗은 두 팔에 오글오글 실들이 감긴다 점점 좁아지고 밑으로 처지는 팔, 아파요, 아가야 따뜻한 스웨터 짜줄게 조금만 참아라, 아이는 허리를 곧추세우고 애써 무거운 팔을 들어 올린다

어머니는 털실 타래에 김을 쏘이신다 펄펄 끓는 주전자의 김을 쐬면 어머니의 주름이 조금씩 펴졌다 어머니는 마침내 둥글게 감긴 털실 몇 뭉치가 되었다

가난한 어머니의 등이 어둠 속에 오랫동안 굽어 있다 나는

어머니의 손끝을 따라가다 까무룩 잠이 들고 자고 나면 가슴이 자라나고 팔이 한 뼘씩 길어져 있었다

목과 소매 끝부분만 새 실로 짠
어머니의 스웨터가
어린 손목을 꼭 붙잡고 있다

초유(初乳)

흰 새벽 가마솥이 걸린 뒤란
어미는 한사코 불구덩이 앞에 앉아 있다

찬물에 뼈다귀의 핏물을 우려내고
슬쩍 끓여 잡것을 걸러내고
다시 넉넉하게 샘물을 붓고 뭉근하게 불을 지핀다
말아 안은 작고 동그란 등이 달싹거린다

시집간 딸이 왜 친정에 돌아왔을까

졸아드는 눈물 속에 살이 헝클어진다
숭숭 구멍 난 정강이뼈에서 땀이 배어나온다
저 토막 난 뼈들이 지탱했던 무게가 탱탱하게 우러난다

핑그르르
젖이 돌기 시작한다

산통이 주문처럼 점점 빨라진다

구부러진 몸이 가쁘게 휘돌아 나간다
뼛속 어디 깊고 뜨거운 힘이 숨어 있었는가
강을 거슬러 오르는 연어 떼처럼
마른 젖가슴을 찢고 보얀 초유가 보글보글 끓어오른다

울음의 입에 젖을 물린다

꽃에 대한 예의

시들어버린 꽃을 버릴 때
아직 향기가 남아 있는 저 꽃잎은 어쩌나
아직 푸른 잎 매달린 저 뻣센 줄기는 어쩌나
그것들 순하게 썩어버릴 동안
기다려줄 땅 한 평은, 어디에 있나

오래 입은 속옷을 버릴 때
두 개의 젖무덤을 감싸던 브래지어
꽃물 빠지기도 전 얼룩진 속곳에 남아 있는
저 미열은 어디로 가나

내가 버린 초승달의 환한 손톱은 또 어디로 가나

달궁무위도(達宮無爲圖)

달궁*은 온통 초록의 차지다 지나가는 새소리, 빨갛게 익은 버찌, 목이 쉰 계곡 물소리, 늦봄의 담록, 밤이면 쏟아지는 별빛이 지천이다 밤새 송홧가루 날아온 탁자를 닦는다 부스스 마시는 아침 커피 맛, 노랑머리 새가 베란다에 내려와 기웃거리다 가는 것을 몰래 지켜본다 시 한 편 읽고 앞산 소나무 숲을 바라본다 눈이 감긴다, 아슴아슴 뻐꾸기 울음소리 들린다 끼니 걱정 따위 내려놓고 빈둥거린다 계곡에 내려가 족욕을 한다 발가락 사이로 쓸쓸이 흘러간다 아무 생각 없이 한참 하늘을 본다 살랑거리는 잎새 사이로 햇살이 쏟아진다 너럭바위 위에 누워 눈 감고 햇볕을 쪼인다 바람이 머리칼 사이로 들랑거린다 숲길에서 다람쥐를 기다리다 생각난 듯, 천년송이 있다는 와운마을에 다녀온다 저녁에 성삼재에 올라 사그라지는 노을 바라보다 돌아온다 계곡에 고이는 어둠을 오래 바라본다 한밤중에 혼자 깨어 흘러가는 계곡 물소리에 귀 기울인다 공복을 물로 채워본다 돌아갈 날을 헤아려본다

---

* 지리산 계곡. 삼한시대 마한군에 쫓기던 진한의 왕이 머물던 터.

사랑

내비게이션 검색창에 '너에게'라고 입력한다

'너에게 주는 꽃'
'너에게 반하다'
'너에게 마카롱'
'너에게 꽂히다'

'너에게'를 물고 떠오르는 무수한 이름들……

너에게 꽃집 너에게 과자점 너에게 카페
그 어디에 너는 서 있을까

검색 망을 빠져나간 별은 보이지 않는다

가로수와 가로등, 무수한 비살무늬가 달려간다
길을 잃고 싶은 충동이 격자무늬를 맴돌고 맴돌고 있다
달려오는 차가 화들짝 빛을 끼얹고 사라진다
어둠이 경적을 울린다

여기는 어딜까

붉은 화살표가 팔랑거리며 달려간다 내비게이션 그녀가 소근거린다 400m 앞에서 좌회전입니다 다음 안내까지 계속 직진입니다 여기는 안개 상습 지역입니다 50미터 앞 과속방지턱을 조심하세요

템페스트 3악장

여닫이문이 거세게 닫혔다 문에 매달렸던 풍경이 한참 울었다 마당의 나무들이 울음을 그친 아이처럼 소스라치게 멈춘다 흐릿한 구름 속에서 싱잉볼의 여운 같은 어떤 진동이 감지되었다 *제주도 남서쪽 100킬로에서 빠른 속도로 서해를 향해 북진하고 있습니다* 템페스트 3악장이 흘러나온다 *태풍은 초속55미터의 돌풍을 동반하고 있습니다 자동차가 뒤집히고 사람이 바람에 날려갈 수 있는 괴력입니다* 나무들이 일제히 바람을 따라 넘어졌다 일어선다 *축대를 돌아다보고 퇴로를 살피고 창틈마다 문마다 테이프로 봉하세요* 슬프고 나직한 음향이 바람에 휩쓸려가고 있었다 TV 화면에서는 한 남자의 청문회가 생중계되고 있었다 바람의 경로를 캐묻고 있었다 태풍전야였다 저기압은 바다를 통과하고 의혹은 더욱 부풀고 전선이 끊길 듯 팽팽하다 ***모두들 어서 자신의 구덩이로 숨으세요!*** 16분음표의 아르페지오가 거칠게 창문을 두드린다 창밖에 짐승 한마리가 거친 숨을 몰아쉬며 으르릉거린다 허연 이빨을 드러낸 거대한 폭풍이 한 남자를 삼켰다 토해놓는다 두려움이 걸어온 길을 자꾸 헤맨다 아랫녘에는 출하를 앞둔 능금이 떨어져 나갔다 아름드리 보호수의 한쪽 어깨가 부러

졌다 교회의 첨탑이 휘었다 *상처가 동해로 빠져나갔어요 하루 빨리 복구를 서둘러주세요*

한 남자가 뿌리가 반쯤 뽑힌 채 비스듬히 서 있다
떨어진 입들을, 바람이 모퉁이에 뭉쳐놓고 갔다

레고의 집

아이가 또 집을 부수기 시작한다
몇 번이나 쌓았다 다시 뭉그지른다
맞물린 것을 벌리자 색색의 이빨이 드러난다
아이의 환한 얼굴이 손뼉을 치며 까르르까르르 웃는다
헐거워질까 서로를 옥죄던 홈판
이것과 저것,
너와 나를 잇던 동색과 배색
凹와 凸의 체위가 떨어져 나간다
앞치마를 두른 엄마가 넘어졌다 웃고 있다
오토바이를 탄 아빠는 난간에서 떨어질 듯 삐딱하다
지붕의 첨탑이 무너지고 꽃이 굴러떨어진다
빨강 노랑 파랑 하양 초록……의 블록들
다만 하나의 조각이었던 그리하여 조각의 집합이었던
이합집산의 무수한 우연이었던 스위트 하우스
그 집은 해체되기 위해 있다
아이는 금방 싫증을 내므로 귀엽다
디즈니랜드가 무너진다 만리장성이 끊긴다
탑처럼 솟았던 조각들이 부서져 바구니에 담긴다

끝내 서로를 물고 있는 몇 개의 입체들
아직 벽 그대로인 채

눈을 감지 않는 인형이, 미미의 집 앞에 잠들었다

잎새뜨기

죽으면 둥둥 떠오를 것이 살아 허우적거린다

물 위에 눕다 숨을 참고 가슴의 풍선을 부풀린다 속을 다 비운 나무껍질이라고 되뇌어본다 팔과 다리를 펴고 가만히 수평선을 떠올린다 무심이 나를 띄울 것이라고 타이른다

그마저 빠져나간 순간, 방싯 떠받쳐지는 몸
아, 가볍다
물 위에 활짝 핀다

산과 들이 야트막하게 손을 잡고
허공이 내 곁에 와 둥글게 눕는 것이 아닌가
손가락 사이로 빠져나가는 물살
등과 엉덩이, 뒤꿈치에 실뿌리 돋는 기척
얼굴에 솔개그늘 슬며시 던져놓고 구름 꽃 흘러간다

너무 오래 서 있었다

>

물무늬 가장자리 어디쯤, 나직한 집을 짓고
수련의 이웃이 되면 더욱 좋겠다
저녁이면 별자리 따라 떠가는 물옥잠에 들겠다

매화초옥도(梅花草屋圖)*

새벽이 매화를 보러 가는 길이다

섬진강 물줄기를 따라가는 길이다

백만 그루의 매화나무마다 백만 꽃숭어리 터지는 길이다

아낙의 갈퀴손에 매화 향 진동하는 길이다

갓 지은 고슬고슬한 밥에 매실장아찌 얹은 길이다

매화마을 둔덕마다 매실청이 익어가는 길이다

봄의 뜻이 다시 오는 길이다

---

* 매화초옥도(梅花草屋圖): 초옥을 찾아가는 자신을 표현한 전기(田琦, 1825~1854)의 그림.

철기시대를 추억하다

흙 한 줌 없는 콘크리트 도시였다
화이트칼라가 된 빈농의 자식이었다
퇴직금을 잃고 빚까지 얻어 주식에 홀랑 날리고
목매어 자진해버린 날,
오피스텔 신발장엔 삽 한 자루 서 있었다
김장독을 묻어 달라던 아낙도 떠났다
물꼬를 틀 무논 한 마지기도 없었다
유품은 울다 멈춘 핸드폰이 전부였다

체험학습 온 아이들이 선사박물관에서 철기시대를 구경하고 있다 호미와 낫과 곡괭이 쇠스랑이 멍에와 함께 진열되어 있었다 낯익은 삽 한 자루 귀퉁이에 서 있었다 전시실 유리 안에 근력의 사내가 풀무질을 하고 있었다 노동요를 합창하는 소리가 어디선가 들려왔다 대장간 아궁이에 불꽃이 튀고, 망치를 들어 올린 사내의 손이 허공을 찍고 있었다

아이들이 우르르 지나간다

불시착

빈방에 하나의 침대와 비어 있는 의자가
비행운을 그린다

살비듬 핀 절벽에 검버섯이 말라붙어 있다
발끝에서 푸르스름한 바람이 올라온다
심박기의 그래프가 잦아드는 숨을 그리고 있다
검지를 물고 있는 감지기가 급히 우주로 심박을 타전한다
서둘러 온 창밖의 달빛이
교신할 듯 벌어진 입 언저리를 맴돌고 있다

호스피스 병동의
차고 푸른 적막 속으로
구조를 기다리는 흰 그림자들이 일렁인다

다급하게 방문이 열리고
몇 억 광년 전 어느 별빛이 막 당도했는지
파랑 하나가 직선을 끌고 간다
계기판은 제로선을 그으며, 찌— 무한이 돌아오고 있다

>

어머니!
마지막까지 떠나지 못하던 귀가 알아듣고
감은 눈에서
가만히 투명한 캡슐 하나가 흘러나온다

병목

다음에서 꼭 빠져나가야 한다
퇴근 시간, 내부순환로 미래동 출구까지 잔여거리 1067미터
3킬로미터 전부터 꽁무니에 줄을 대고 있다

또, 그 멜로디가 흘러나온다
Let It Be Let It Be Let It Be, Let It Be
앞차의 앞에 벤츠 한 대 끼어든다
택시 한 대, 극우로 노골화된 눈알을 깜빡이고 있다
기일을 지나친 체납 고지서가 끼어든다
끼어들기를 선심 쓴 저 앞차를 들이받을 뻔했다
히스테리컬한 경적이 습관적인 저녁을 찢는다 Let It Be

젊은 나이에 세상을 등진 친구도 끼어들었다
먼저 승진한 후배도
저 빌딩을 상속받은 건물주도 끼어들었다
첫눈에 반한 그도 후줄근한 표정으로 내 옆에 껴 있다

>

Let It Be Let It Be Let It Be, Let It Be
여기는 대체 어디로 빠져나가는 길목일까요
이 어둠 저편
끼어들고 싶었던 그 무엇이 있을까요 어머니
왜 끼어들지 못하는 내게 화가 날까요
Let It Be, 이 노래를 스물아홉 번쯤 반복하고 나면
시속 18킬로미터로 가는
저 지루한 출구로 끼어들 수 있을까요

소주병 뚜껑을 비틀어 붓는 첫잔처럼, 쿨럭쿨럭
나는 어디론가 빠져나가고 있어요
Let It Be Let It Be Let It Be, Let It Be

데스밸리 모텔

눈이 떠졌다 내 침대에 누워 있다 또 오늘이다

오늘은 그를 어떻게 설정할까

그래, 오늘 그를 나의 모텔에 든 어느 낯선 손님으로 설정해 보자 두근거리며, 덥수룩한 얼굴에 심드렁한 표정을 가진 그를 곁눈질한다 고뇌에 찬 이방인을, 가난한 철학자를, 아니 그러고 보니 어쩐지 낯익은 얼굴이야 그 옛날 찰스 브론슨* 같잖아

걸을 때마다 낡은 모텔이 삐걱거린다 모래바람이 버석거린다 모서리마다 소금기 묻은 땀으로 얼룩져 있다 나는 청소를 하고 시트를 빨고 다림질을 한다 컵 주전자 칫솔 비누 샴푸 수건을 제자리에 챙겨놓아야 한다 조식도 준비해야 한다

그런데 오늘의 그의 콘셉트를, 무뚝뚝함을 마초 기질이라고 설정할까 저 꼬질꼬질한 얼굴에 어울리는, 내면에 몰두한 예술혼이라고 설정할까 그래, 그의 게으름과 대책 없는 느긋함

에 잘 어울린다 그의 가난도 그의 히스테리도 유년의 상처도
그럴 듯하게 미화해보자 그래, 멋있다 뭔가 드라마틱하다

나는 낯선 모텔의 주인 역에 몰두한다
나의 기쁨 나의 슬픔 나의 절망, 나는 이 소설을 완성할 수
있을까
옆방에서 그의 기척이 들린다
장기 투숙자가 슬리퍼를 찍찍 끌며 복도를 걸어오고 있다

---

*배우 이름.

고딕의 거리

담쟁이 넝쿨이 노쇠한 성벽을 깁고 있다
이끼 낀 등과 어깨를 덧대고
기울어지는 축대를 부축하며 비탈을 품는다

프르비에르 언덕 위 노트르담성당
첨탑의 성모님이 중세 도시 리옹*을 굽어보고 있다
아직도 생의 한자리인 고도
기념품 상점마다 불빛이 보석처럼 박혀 있다
작은 카페는 골목에 탁자를 내놓고 포도주를 권한다
저녁 종소리가 늙은 도시를 어루만진다
사람들 발자국에서 강물 소리가 난다

생텍쥐페리의 어린 왕자가 서 있는 벨쿠르광장을 걸어간다
혁명가의 지친 걸음이 스며든 골목을 따라간다
론강과 손강이 뜨거운 숨을 섞는다
성당의 스테인드글라스 장미가 어둠 속에서도 붉다

나는 서서히 지나간다 오랜 약속처럼

>

길바닥에 박힌 돌이
고딕의 음영으로 돋아나는 시간,
발 때가 반질반질한 보도블록들이 촉촉하게 살아난다
슬픈 눈빛으로 빛나는

그 속으로 걸어 들어간 한 사람이 있었다

---

*남프랑스의 중세 도시 이름.

지나가는 노래

잃어버린 손수건 같은 쓸쓸한 허밍 같은

트로트 같은 탱고 같은 발라드 같은 알 수 없는 중얼거림 같은

서정시 같은 모던시 같은 민중시 같은 해체시 같은

그 빨강을 지나가 볼까 블루를 지나가 볼까 퍼플을 지나가 볼까 네온컬러를 지나가 볼까

지나가는 것들이 나를 지나간 것처럼 나를 지나가는 무한을 지나가 볼까

자, 무슨 특별한 것처럼 평범한 것처럼 별처럼 운명처럼

해설

일상에서 철학으로

오민석(문학평론가·단국대 교수)

1.

시를 개념이나 관념에서 찾으려는 것은 시가 다름 아닌 '몸'의 언어라는 사실을 망각하는 것이다. 시는 가장 물질적이고 감각적인 것에서 개념과 관념을 추상한다. 그러므로 시는 대지에서 시작해 하늘을 꿈꾸는 언어이다. 우남정의 시들은 대부분 지극히 평범한 일상에서 만들어진다. 가령 마트료시카 인형, 발톱, MRI, 돋보기, 재활병원, 갈대, 요양원, 설거지, 침대, 레고 같은 일상적인 소재에서 그는 시를 포획한다. 그의 시집은 결국 이 일상들의 모자이크인 셈인데, 사실 일상이야말로 우리 삶의 보고(寶庫), 즉 존재와 세계에 대한 자료로 가득한 거대한 창고 아닌가. 일상은 그 자체로 철학도 아니지만, 일상이 없이 철학을 생산할 수 없고, 그러므로 철학을 일상의 우위에 놓는 일은 약간의 교만을 동반한다. 일상성의 철학적 탐구로 유명한 앙리 르페브르(H. Lefebvre)는 '일상'을 다음과 같이 정의한다. "일상은 추락의 방향도 아니고, 봉쇄나 장애물도 아니며, 다만 하나의 장인 동시에 교대, 하나의 단계이며 도약대, 여러 순간들(욕구·노동·향유—생산물·작품—수동성·창조성—수단·목적 등)로 이루어진 한 순간이고, 가능성(가능성의 총체)을 실현시키기 위해서는 반드시 거기서부터 출발해야 하는 변증법적 상호작용이다." 우남정 시인은 일상의 어느 '순간'에 철학으로 뛰어넘으며 일상에서 시의 '가능성'을 실현시킨다. 일상은 그에게 '봉쇄나 장애물'이 아니라, 존재와 세계를 읽는 하나의 '단계'이고 '도약대'이다.

문 속에 문
뚜껑을 비틀거나 잡아당겨야 열리는

내 몸에는 문이 몇 개나 될까
나를 작동시키는 문을 바라본다

비밀을 간직한 창
잊어버린 비밀이 잊어버린 비밀을 기억해내는
이쪽과 저쪽의 경계

비밀은 안녕한가
나는 어떤 번호로 해제되어야 속살을 보일까
이 문을 열고 저 문을 닫는 순례들

빈방의 얼굴이 창백하다
비밀이 너를 만진다

너의 표정은 언제나 굳게 잠겨 있다

—「마트료시카」 전문

이 시에서도 우남정은 마트료시카 인형을 '나'와 동일시하며 '나'에 대한 존재론적 성찰을 하고 있다. 그가 볼 때 '나'는 마트료시카 인형처럼 여러 개의 "문"을 가지고 있는 '복수(複數)적' 주체이다. 그것은 단일한 중심이 아니라 수많은 경계와 문을 가지고 있으며 끝내 해독(解讀)되지 않는 "비밀"을 가지고 있다. 그는 이렇게 존재의 '비밀'을 남겨놓음으로써 존재에 대한 손쉬운 대답을 거부한다. 우남정의 많은 시가 이처럼 일상을 통한 자아성찰을 보여준다.

나이면서도 내가 아닌 것들 내가 아니면서 나라는 것들이
무수한 순간으로 쪼개지고 있었다

어느 순간이 나란 말인가
누가 그 갈피에 반란을 숨겨놓았단 말인가

유리 저쪽, 흰 가운의 그가
메스도 없이, 피 한 방울 묻히지 않은 채
비틀어진 나의 각도를 캐묻고 있었다
저 음습한 길모퉁이에 이상한 그림자는 또 뭐지
껍질 속, 쭈그러진 호두알이 왼쪽으로 한참 쏠려 있군
일곱 번째 척추 이탈은 예상 밖의 일이야
그의 눈동자가 중얼거린다

저 흰 물건이 또 나를 먹었다 뱉어놓는다
나를 다 해체할 때까지
나는 기꺼이 죽음을 즐기기로 한다

—「MRI」 부분

이 시에서는 MRI를 찍는 과정과 자아를 속속들이 들여다보는 화자의 자세가 겹쳐져 있다. 여기에서도 화자는 자신을 "무수한 순간"으로 정의한다. 그 순간들은 수시로 변하고 수시로 경계를 넘나들므로 고정 불가능하다. 앞에서 인용한 르페브르를 다시 불러오면, 화자에게 있어서 주체는 우리의 일상처럼 "여러 순간들(욕구·노동·향유—생산물·작품—수동성·창조성—수단·목적 등)로 이루어진 한 순간"이다. "나를 다 해체할 때까지/나는 기꺼이 죽음을 즐기기로 한다"는 전언은 이 끝없는 자기성찰의 선언이며, 그런 성찰이 완성되기 전까지 주체의 존재를 확정하지 않겠다는 겸허한 다짐이기도 하다.

2.

우남정은 다양한 일상을 따라가며 다양한 성찰의 파편들을 남긴다. 「난 벤다이어그램을 사랑해」도 그런 맥락에서 나온 것이다. '벤다이어그램'이라는 수학 용어는 "전체집합과 그 부분집합의 관계, 또 부분집합과 부분집합의 합집합 및 교집합, 그리고 부분집합의 전체집합에 관한 여집합 등을 폐곡선으로 나타낸 그림"(네이버 지식백과)을 말한다. 그는 왜 다양한 집합과 집합들의 관계, 그리고 그것들의 겹침에 주목할까. 그가 볼 때 모든 주체들은 일상의 다양한 '순간'들의 합집합이거나 교집합 혹은 여집합이다. 그 어떤 것도 이 "폐곡선"에서 자유롭지 않다.

나는 한입 베어 문 사과처럼 너에게 먹히고 있어 나는
벤다이어그램을 사랑해 끌어당기듯 내어주는 기쁨 같은
아니 슬픔 같은 놀이, 너이기도 나이기도 한 우리가 너도
아니고 나도 아닌 우리가 점점 부풀었다 꺼지는 그림자놀

이 그때, 나는 뒷걸음치듯 너를 들락거리며 저 바닷물이 찰싹거리는 소리를 듣고 있었어 우리는 식(蝕)의 계절을 지나가고 있었어 섬들이 서로의 발부리를 잡고 있듯이 우리의 운행은 하나일 수 있을까 허공에 두 개의 원을 약속처럼 걸어놓고 사람들은 서커스 불 쇼에 열광하는군 곡예사가 불꽃을 뚝뚝 떨구며 불구덩이를 통과하는 동안 아, 아득한 시공을 스쳐가는 나, 나는 벤다이어그램을 사랑해 지금 너는 어느 쪽으로 기울고 있니 이제 막 너는 배가 부르고 나는 다시 배가 고파져 월식으로 까맣게 먹혀 들어간 것은 무엇일까 우리의 밀월은 한 번도 만난 적 없는 그림자일 뿐이었을까

―「난 벤다이어그램을 사랑해」 부분

모든 개체들은 다른 개체들과의 관계 속에서 존재하며, 이 개체들은 마치 행성들처럼 척력과 인력의 강밀도(intensity)로 존재한다. 그것들은 서로 길항(拮抗)하면서 서로를 변화시킨다. 이 밀고 당기기, 숨기고 드러내기가 우리 삶의 '놀이'이다. 그러므로 순전한 "기쁨" 혹은 순전한 "슬픔" 같은 것은 존재하지 않는다. 존재들은 서로 겹치고 스며들며 섞인다. 그것들은 기쁨 같으면서 동시에 슬픔 같은, "너이기도 하고 나이기도 한 우리", "너도 아니고 나도 아닌 우리"이다. 존재만이 아니라 세상의 모든 사건들 혹은 일들도 마찬가지이다. 모든 사건들은

다른 사건들과 얽혀 있으며 겹쳐 있고 서로의 원인이면서 동시에 결과이다. '일상'은 이런 일들이 끝도 없이 얽혀 있는 혼종체(hybridity) 같은 것이다. 그리하여 일상은 한 가지 사건을 말하면서 다른 사건을 건드리고, 다른 사건들의 잠재성을 흔들어댄다. 한 사건이 종료될 때 다른 사건이 일어나며 하나의 잠재성이 죽을 때 다른 잠재성이 생겨난다. 그러므로 '일상'의 공간에서 영원한 것은 없다.

아이가 또 집을 부수기 시작한다
몇 번이나 쌓았다 다시 뭉그지른다
맞물린 것을 벌리자 색색의 이빨이 드러난다
아이의 환한 얼굴이 손뼉을 치며 까르르까르르 웃는다
헐거워질까 서로를 옥죄던 홉판
이것과 저것,
너와 나를 잇던 동색과 배색
凹와 凸의 체위가 떨어져 나간다
앞치마를 두른 엄마가 넘어졌다 웃고 있다
오토바이를 탄 아빠는 난간에서 떨어질 듯 삐딱하다
지붕의 첨탑이 무너지고 꽃이 굴러떨어진다
빨강 노랑 파랑 하양 초록……의 블록들
다만 하나의 조각이었던 그리하여 조각의 집합이었던
이합집산의 무수한 우연이었던 스위트 하우스

그 집은 해체되기 위해 있다
아이는 금방 싫증을 내므로 귀엽다
디즈니랜드가 무너진다 만리장성이 끊긴다
탑처럼 솟았던 조각들이 부서져 바구니에 담긴다
끝내 서로를 물고 있는 몇 개의 입체들
아직 벽 그대로인 채

눈을 감지 않는 인형이, 미미의 집 앞에 잠들었다

—「레고의 집」 전문

이 시는 일상에서 철학을 뽑아내는 우남정의 능력이 매우 돋보이는 시이다. 그는 친절하게도 제목에서 시적 스파크가 일어난 지점("레고의 집")을 설명하고 있지만, 이 시는 이 세계가 필연성이 아니라 우연성의 지배를 받고 있다는 작가 특유의 세계관을 잘 보여준다. 모든 각각의 "조각"들이 이루는 "집합"과 그 집합이 사실상 무수한 "우연"의 산물임을, 시인은 너무 흔해 지나치기 쉬운 일상, "레고의 집"을 통해 설명한다. "넘어"지는 엄마와 "떨어질 듯 삐딱"한 아빠와 "지붕의 첨탑"과 "꽃"은 각기 "하나의 조각"이면서 늘 어떤 우연의 '집합'에 속해 있다. 그러나 이 집합들은 마치 레고의 집처럼 언제든지 해체될 수 있으며, 해체가 운명이라면 그것들은 오로지 "해체되기 위해" 존재하는 셈이 된다. 일상 속에서 사물과 인간의

'진지한' 존재론을 끄집어내는 이런 기법은, 이 시집 전체를 관통하는, 우남정의 독특한 시적 전략이다.

일생에 딱 한번 꽃을 피운다

한 저녁이 또 그 가시 잎에 맺혀 있다

사막에서 잎을 틔우는 일은
살아낸 밑동부터 한 잎 한 잎 버리는 것이다
버린 한 잎의 제 살을 발라먹고
버린 한 잎의 제 결로, 제 눈물을 핥아먹고

그 눈물만큼 깊어가는 갈증으로

지구 저편으로 걸어간다

—「용설란」 전문

이 시가 독특한 것은 그가 존재를 관계와 다양한 집합의 상태로 읽으면서도 존재의 궁극성을 '단독자'의 형태로 보여주기 때문이다. 이 시에는 유일무이함 혹은 '혼자'의 상태를 나타내는 기표들이 널려 있다. "딱 한번", "한 저녁" 그리고 둘째 연에서 여러 번 반복되는 "한 잎" 같은 표현들이 그것이다.

그리고 단독자의 배경을 “사막”으로 설정함으로써 이 시는 모든 조각과 개체들의 외로움을 극단으로 몰고 간다. 그러므로 모든 교집합과 합집합과 여집합 안에서도 존재는 늘 저만의 운명, 저만의 삶, 저만의 끝을 가지고 있다는 이야기이다. “제 살을 발라먹고”, “제 눈물을 핥아먹고”, 존재는 “깊어가는 갈증”에 시달린다. 집합과 관계 안에서의 이와 같은 고독은 매우 실존적인 것이다. 단독자는 외로움 그 자체가 되어 “지구 저편으로 걸어간다”. 그 길에서 존재는 무수한 집합의 그물을 지날 것이다. 그러나 그것을 다 지난 후에 존재가 마주치는 것은 “가시”로 메마른 사막에서의 단독성이다.

묵은 상자의 먼지를 털어내고, 꺼낸 시집을 펼친다
백팔 페이지 책갈피에 꽃무덤이 드러났다
한 줌의 가을과 함께

삼킨 향기 목에 걸린 채
종이와 꽃이 서로를 껴묻은 흔적이 있다
함축과 은유, 생략을 지나 낯설게
밤을 건너온
새벽이 번져 있었다

밀봉을 어찌 다스렸는가, 꽃이여

흐르던 실핏줄에
시즙마저 향기로워, 다투어 활자들이 몸을 적셨을까
저 갈피에 잦아든 울음
색이 날아간 자리에 한 마디 절명사를 남겨놓았나

—「꽃의 순장」 부분

책갈피에 언젠가 꽂아 넣었던 꽃의 죽음을 묘사하고 있는 이 시도 개념이나 관념보다 먼저 몸(물질)을 건드린다. 게다가 "백팔 페이지"라니. 번뇌와 고뇌의 집합을 지나 "함축과 은유" 위에 죽어 있는 "새벽"의 꽃은 너무나 물질적이어서 우리 몸의 '감각'으로 바로 치고 들어온다. 죽음의 과정에서도 꽃은 종이와 "서로를 껴묻은" 흔적을 보여준다. 그러므로 벤다이어그램(관계와 다양한 집합)은 삶의 과정이고, 단독자로서의 "순장"은 존재의 끝이다. 우남정은 이 '끝'을 함축, 은유, 생략으로 가득 찬 시의 침대에 가져다 놓음으로써, 삶과 과정과 죽음의 모든 서사(narrative)를 문학의 무덤에 묻는다. 그것은 꽃처럼 아름답고 슬프다.

3.

우남정의 교집합에 가장 자주 등장하는 것은 죽음이다. 죽음은 수많은 벤다이어그램 중에서도 회피할 수 없는 폭력이며, 시간의 끝에서만 등장하는 것이 아니라 마치 '러시안룰렛'처럼 수시로 집합을 해체한다.

누가 당겼는가,
튕겨 나간 오토바이 바퀴가 저 혼자 돌아가고 있다

사내는 아스팔트 위에 낭자하게 제 몸을 쏟았다
시간을 멈춘 눈동자가
교차로 저편을 응시하고 있다

철가방 속에,
갓 구운 피자 한 판이
기다림을 마주 겨누고 있다

기척도 없이 구름 한 점이 내려다본다

그 어디서 리볼버의 탄창이 돌아가고 있다

—「러시안룰렛」 전문

죽음의 "탄창"은 그 모든 집합의 외곽에서 집합을 이루는 개체와 조각들을 겨냥한다. 탄환은 해체를 동경하며 아무 때나 수시로 발사된다. 위 시의 주인공은 얼마나 많은 교집합과 합집합과 여집합 속에 있었을까. 죽음의 "리볼버"가 방아쇠를 당길 때 그 모든 집합은 한꺼번에 파괴된다. 이것이 집합 속에 있는 개체들의 최후의 운명이다. 재활병원이나 요양원, 그리고 그 안에서 죽음을 기다리고 있는 사람들을 그린 우남정의 시들은 모두 이 '죽음의 방아쇠'에 대한 명상이다. 그는 특히 노환 중인 어머니에 대한 몇 편의 시를 통하여 이 "깊고 깊은 어둠" 에 대하여 사유한다.

> 어머니의 기저귀를 간다
> 바싹 마른 가랑이 사이로 여진처럼
> 무한(無限)이 태어나고 있었다
> 어린 계집아이의 사타구니를 닦아내던 어머니처럼
> 나는 어머니의 깊고 깊은 어둠을 닦아낸다
>
> 식어버린 분화구에서
> 검멀레 해변에서 화산석을 줍는다
>
> 몸부림치며 굳은 돌 속에는 신비한 굴형이 있다
>
> —「굴헝」 부분

그런데 이 시에서 우리가 주목해야 할 기표는 "무한(無限)"이다. 한때 활화산이었던 한 개체가 "화산석"으로 변하는 과정에서 그는 다시 한 번 '반전(reversion)'을 꾀한다. 죽음이 "무한"이라니. 시인은 죽음이 개체의 종말이면서 다시 다른 개체로 연속되는 것에 주목한다. 지금 어머니의 기저귀를 가는 것과 동일한 방식으로 어머니도 그가 "어린 계집아이"일 때 그의 "사타구니"를 닦아냈다는 사실에 대한 인지가 바로 그것이다. 다음과 같은 시를 보라.

아직도 갈대숲에는 빈 대궁들이 서걱거린다
꽃과 씨앗 다 떠나보내고, 그들은
왜 머리채 휘어잡는 바람과 맞서 긴 겨울을 건너왔을까
취한 아비들이 정거장에서 막차를 기다리듯
휘청거리는 허리를 곧추세우며 넘어질 듯 일어서고 있는가

쭈그리고 앉아 그 어둑한 밑동을 들여다본다
젖은 발가락 끝에
송곳니처럼 솟은 두어 뼘의 어린 초록이 보인다
저 어린것들이 제 어미를 먹어치우고 있었던 것일까

낯과 밤을 넘나들며 초록이
초록이 번진다

무엇을 끌어당기는 것일까 저 해묵은 손짓은
눈물 번득이는 칼날
가슴 언저리까지 차올라
차라리 그 초록에 찔려 죽고 싶다는 뜻일까
그예 한 세대를 넘겨주는 것일까
가녀린 쭉정이들의 장엄한 배턴 터치를 본다

—「초록에 잠들다」 부분

시간의 칼날 앞에 모든 개체들은 "갈대"처럼 쓰러진다. 그러나 그것들을 쓰러뜨리는 "어둑한 밑동"에서는 "송곳니"처럼 뾰족한 "초록"들이 다시 올라온다. 이 놀라운 "배턴 터치"을 읽지 못하면 우리는 죽음의 '리볼버'에서 벗어나지 못한다. 그러나 세계는 죽음 뒤의 새로운 생으로 금방 가득해진다. 번지고 번지는 "초록"이 다시 집합을 만들어내고 세계를 가동시킨다. 그러므로 시는 죽음의 '러시안 룰렛'에서 '초록'을 꿈꾸는 일이다. 우남정의 시들은 일상의 조각들이 이루어내는 이 무수한 집합과 재생의 처절하고 아픈 과정을 읽어낸다.

이 도서의 국립중앙도서관 출판시도서목록(CIP)은 서지정보유통지원시스템 홈페이지(http://seoji.nl.go.kr)와 국가자료공동목록시스템(http://www.nl.go.kr/kolisnet)에서 이용하실 수 있습니다.(CIP제어번호: CIP2020013905)

시인동네 시인선 125

아무도 사랑하지 않는 저녁이 오고 있다

초판 1쇄 인쇄 2020년 4월 10일
초판 1쇄 발행 2020년 4월 17일
지은이 우남정
펴낸이 고영
책임편집 이리영
디자인 헤이존
펴낸곳 문학의전당
출판등록 제448-251002012000043호
주소 충북 단양군 적성면 도곡파랑로 178
전화 043-421-1977
전자우편 sbpoem@naver.com

ISBN 979-11-5896-463-4 03810